Kamakura Guide George Cockle

ジョージ・カックルの
鎌倉ガイド

PARCO出版

Contents & Kamakura Guide Map

- **01** 鳩サブレー
- **02** GARDEN HOUSE
- **03** 寿福寺
- **04** 加藤売店
- **05** 紀ノ国屋　鎌倉店
- **06** 納言志るこ店
- **07** ひら乃
- **08** RANDEZ-VOUS DES AMIS
- **09** THE BANK
- **10** BAR THE TIPPLE
- **11** 裏鎌倉の飲み屋横丁
- **12** 鶴岡八幡宮
- **13** 段葛
- **14** パタゴニア鎌倉
- **15** 鎌倉市農協連即売所
- **16** PARADISE ALLEY BREAD
- **17** やきとり 秀吉
- **18** 妙本寺
- **19** 報国寺
- **20** 下馬の交差点
- **21** カフェ 鎌倉美学
- **22** 鎌倉バワン
- **23** つるや
- **24** SEA CASTLE
- **25** サンマリオ HOTTA
- **26** 浮（ぶい）
- **27** 材木座の浜辺
- **28** Piccolo Vaso
- **29** 根岸商店
- **30** surfers
- **31** 源氏山（大仏〜扇ガ谷）
- **32** 小坪峠（surfers 〜小坪漁港）
- **33** 小町通り
- **34** 御成通り
- **35** 由比ヶ浜通り
- **36** 江ノ電
- **37** 息子
- **38** 鎌倉の朝

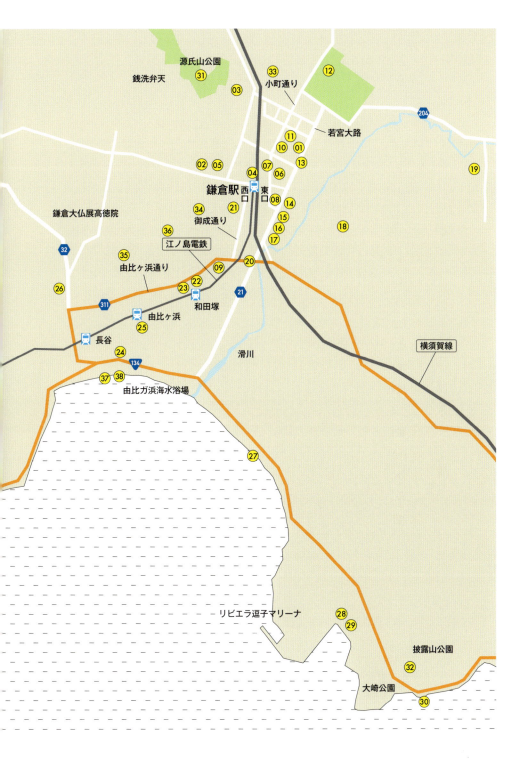

はじめに

　Hello!
　僕は1956年に鎌倉で生まれた。お父さんはアメリカ人でお母さんは日本人。小学校時代には韓国の仁川やテキサスに住んだこともあるんだ。そしてまた日本に戻った。大学の途中まで鎌倉にいて、それからしばらく、今度は自分の意思で世界各地を転々としていた。僕の世代の若者のほとんどがそうであったように、僕も自分の目と足で世界というものを知っておかなければ気がすまなかったんだ。
　その間、じつにたくさんの仕事を経験することができた。ハワイでは輪タクを転がしてたし、カリフォルニアでは海水温度調査の仕事もした。そして日本のメディアや企業のコーディネーションの仕事をしたのがきっかけで、また日本に意識が向くようになり、そうすると鎌倉へ帰りたいと自然に思うようになった。どこへ行っても帰ってきたという感覚はなかった。インドでもアフガニスタンでもテキサスでもハワイでも。僕にとって帰る場所は鎌倉しかなかったんだね。日本ではなく鎌倉だったんだ。そうやって20何年かぶりに帰ってきた鎌倉に、それからずっと住んでいる。ワイフに鎌倉で出会ったのも大きなきっかけだった。
　この本は、『鎌倉ガイド』とタイトルが付けられている。そのままだ。でもそこには二つの意味が込められている。ひとつは、ガイドブックという意味。ここでは僕が大好きなお店やスポット38箇所を紹介している。そしてもうひとつは、ガイドする人、つまり鎌倉の案内人という意味。もちろん僕がガイドするんだけど、お店やスポットだけではなく、そこで働く個性的な人たちも紹介している。場所と人。僕にとって何かを知ることは、そこにいる人たちを知ることなんだ。それを若い頃の旅で学んだ。
　だから一般的なガイドブックと比べたら、もしかしたらきちんとしていないかもしれない。でもここには、本当に僕の好きな場所や愛する人たちが登場する。はやく読者の皆さんに、ここもあそこもあの人もこの人も、知ってほしくてたまらないよ。きっと、会いに行ってみようかなって、思ってもらえると思うんだ。
　それでは皆さん、鎌倉で会いましょう。
　See you!

ジョージ・カックル

①

町の人たちには、
海側とは違うグルーヴが
あるんだよね

駅周辺、扇ガ谷、小町エリア

ウェルカム、
鎌倉へ

　駅のあたりを歩いていると、黄色い紙袋をぶら下げた人をけっこうな確率で目にする。白い鳩の描いてある、あの袋。そうそう「鳩サブレー」ね。
　鳩サブレーの豊島屋の前の社長さんがこんなことを言っていたよ。鳩サブレーは、和洋のミックスなんだって。それが鎌倉の「和菓子」なんだって。それを聞いてね、僕はすごく腑に落ちたんだ。だから僕は鎌倉が好きで、また鎌倉に戻って来たんだなって。
　鎌倉で育って、それからカリフォルニアや韓国の仁川に住んだり、新宿で働いたり、また日本を出て世界を放浪して、ワイキキやテキサス……とにかくじっとしてるってことがなかった。そんな僕にとって、戻って来る場所は鎌倉だったんだ。鎌倉がなかったら日本に帰ってくることはなかったと思う。鎌倉があったから、帰ろうって思ったんだ。ミックスでいいって言ってくれる、そんな鎌倉が僕は大好き。ここが僕の居場所なんだ。
　和洋のミックスだけじゃない、鎌倉には歴史もある。夜一人で若宮大路を歩いていると、スピリットを感じるよ。歴史のさ。そしてそこに新しさがミックスされて、鎌倉の魅力になる。お寺でライブやったり、落語やったり、写真展やったり、今でも当たり前にそういうことが行われてる。でもそれってじつは新しいことでも何でもなくて、昔は普通にやってたことだよね。能の舞台がお寺や神社にあるんだからさ。大事なのは、そこで今の表現が行われているってこと。そしてそれを若い子たちが楽しんでやっているってこと。それが本当のミックスの姿だと思うんだ。
　受け入れるってことが大事なんだ。
　僕は鎌倉にそれを教えられたし、それに救われもした。

　鳩サブレーの黄色い袋が、今日もたくさん歩いてる。
　ウェルカム、鎌倉へ。

01 鎌倉といえば、のやさしい味
鳩サブレー

鎌倉豊島屋 本店　神奈川県鎌倉市小町2-11-19　9:00-19:00　定休日：水曜日

02 森の中にいるようなカフェレストラン
GARDEN HOUSE

良いお店の条件って
何だろう？

　カリフォルニアにローズカフェって店があるんだ。サンタモニカとベニスビーチのあいだくらい。ゆったりしたテラスと朝から晩まで楽しめるおいしい料理、笑顔で気さくな店員さん。そして海のにおい。

　良いお店の条件って何だろう？　それはやっぱり、その土地にしっかり根を張っているかってことだと思うんだ。つまり、その場所を愛しているかってこと。

　ガーデンハウスがオープンしたのは今から3年くらい前。鎌倉駅の西口から市役所の方に3分ほど歩くと右手にスターバックスが見えてくる。その手前の細い路地を入るとそこがガーデンハウス。僕はいつだって——そう、真冬だって！——テラス席に陣取る。まずは白ワインを一杯やるのがお決まり。そしてランチだったら迷わずサラダ。ディナーだったらサーモンのグリルか、ローズマリーチキン。テラスで食事をしたりお酒を飲んだりしてると、たまらなく自由な気分になってくる。もう、服なんて着てらんないよってくらいに（笑）。晴れていれば天井までオープンになって、まるで森の中にいるみたいだ。それにしても不思議だね。昔、世界のあちこちを放浪していた時は、お金がないから仕方なく外で食べてたけど、今は外で食べるとリッチな気分になるんだから。

　お店の人たちも最高にご機嫌。もう辞めちゃったけど、こんな子がいたよ。大阪から来た子で、ここで働いてお金を貯めて旅に出るんだって言ってた。ウェイトレスなのに、たまにお客さんと一緒になってワイン飲んでたけどね（笑）。

　お客さんもいろいろ。幼稚園の帰りに来てるお母さんと男の子、ジョギングのついでに寄った人、年を重ねた夫婦。鎌倉の人が自然と集まってくる、そんな場所。いくら目抜き通りにガラス張りのお洒落なビルのレストランを作っても、そこが流行るかどうか、鎌倉ではわからない。見かけじゃないんだ。どこからやって来たか、ここにどれだけいるか、そういうことでもない。鎌倉を愛してるかどうか、それがすべてなんだ。

　ガーデンハウス、とっても鎌倉らしいレストランを作ってくれたよ。

| GARDEN HOUSE
神奈川県鎌倉市御成町15-46　9:00-22:00(L.O. 21:00)　不定休

03 数々の著名人が眠る古刹
寿福寺

短編小説の結末を
知りたければ・・・?

　まだ息子が小さかった頃に寿福寺の近くに住んだことがあった。築100年以上の酒蔵を改装した民家で、とっても良かったんだよ。海側が恋しくなって3年くらいで引っ越しちゃったけどね。鎌倉っていうと、たとえば川端康成とか小林秀雄とか、文人に愛された古都っていうイメージを強く持つ人もいるよね。それって、寿福寺のある扇ガ谷のあたりがぴったり重なるんじゃないかな。実際、小林秀雄は住んでいたし、他にも中原中也や立原正秋、哲学者の西田幾多郎も少しの間ここに居を構えていた。

　寿福寺は古いお寺で、源頼朝が亡くなった1年後に妻の北条政子が建立した。裏手の山を源氏山と言うし、このへんは源氏のゆかりの場所なんだね。ここには政子と源実朝のお墓がある。他には、高浜虚子や大佛次郎なんかが眠っている。それにしても、鎌倉ってどうしてこれほどまでに文化人に愛されるんだろう。その答えが知りたければ、駅からの喧騒を離れて寿福寺まで歩いてきてごらんよ。いつの間にかゆったりした時間の層に包まれているのがわかるから。

　そうそう。じつは寿福寺、仏殿の門が開いていることは滅多にない。だから参道までしか見ることができないんだ。大切なことは自分で考えなさいって諭されてるみたいな感じがして、これはこれでいいんだよね。

　なんだか、品の良い短編小説を読んだみたいな気分。

| 寿福寺
神奈川県鎌倉市扇ガ谷1-17-7
拝観不可。ゴールデンウィークなど特別な時期のみ仏殿開扉

プラットフォームは
憩いの場

　JR鎌倉駅のプラットフォームにキヨスクやNEW DAYSはないんだ。
　え、でも売店あるじゃない？　あるよ、でもよく見てごらん。ね。
「加藤売店」。
　そう。鎌倉駅にあるのは加藤売店なんだ。もちろんこれは鎌倉駅だけ。なんでも、明治22年に鎌倉駅を開業する時に、地主だった加藤さんが駅に土地を提供する代わりに駅構内での営業権を当時の官鉄があげたんだって。なんだかすごい話だね。でも、鎌倉駅だけNEW DAYSじゃなくて加藤売店なのは、ちょっとした自慢だよ。
　じゅんちゃんという一年中短パンのお兄ちゃんを見かけたらご用心（笑）。売店で何か買ったらお礼に自分の髪の毛をカックンカックン手を使わずに動かして見せてくれる。とにかく変わったナイスガイ。だって、じゅんちゃん、僕がディレクターをやっている雑誌『ザ・サーファーズ・ジャーナル』を置いてくれてるんだからさ！　駅の売店で『ザ・サーファーズ・ジャーナル』が買えるのは、もちろん鎌倉駅だけ。それはさておき（笑）。
　朝は「行ってきます」と言って缶コーヒーを飲み、夜は「ただいま」って缶ビールで一杯やる。じゅんちゃんはまるでプラットフォームの喫茶店のマスターでもあり、立ち飲み屋の大将でもある。
　明治から鎌倉駅のプラットフォームに立ち続ける加藤売店、今日もそこにある安心感は、ちょっとコンビニの比じゃないんだな。
　あ、Suicaは使えないからね！

04 鎌倉駅開業当初からある売店

加藤売店

| 加藤売店
JR鎌倉駅ホーム内

05 上質な商品がズラリのスーパーマーケット
紀ノ国屋 鎌倉店

ザ・グレート・紀ノ国屋・
エクスペリエンス

　紀ノ国屋にはしょっちゅう行ってるんだ。そう言うとなんだかリッチな人みたいに思われるかもしれないけど、まあ話は最後まで聞いてよ。紀ノ国屋の脇にプラント・ショップがある。お花屋さんだね。そこが普通のお花屋さんとはちょっと違って、揃えてるものも種類が豊富だし、手入れが行き届いてる。そして何と言っても、プラントが両脇に並んだ小径があって、そこを通り抜けるのが大好きなんだ。ローズマリーにちょっと触れて、指に付いた香りをかいだり、フューシャのいいのがあるなーってチェックしたり。時々土曜になるとバーゲンセールをやってるから、そういう時に買ったりもするんだ。

　お店の中にももちろん入るよ。ワイフはよくパンを買ってる。焼きたてのおいしいのがあるからね。そして僕はピカピカのフルーツが並んだワゴンへ。なんてキレイなんだろう。眺めてるだけで心が満たされていくね。結局、僕は見ているだけなんだけど(笑)。でも紀ノ国屋ってなぜだか知らないけどふらっと行っちゃうんだよ。

　その昔、ここはテニスコートだった。全国でも指折りの老舗「鎌倉ローンテニス倶楽部」がここにあったんだ。今は移転して違う場所にあるんだけどね。有名選手が出場するトーナメントが開催されたり、当時の皇太子様や美智子妃殿下がテニスを楽しまれたのもここ。由緒ある場所なんだね。

　由緒あると言えば、紀ノ国屋から少し歩けば、御成小学校がある。通りに面した大きな櫓のような正門に圧倒されるはずだよ。ここは、明治天皇の皇女のために造られた御用邸の跡地なんだ。校舎のそこかしこに当時の名残が見て取れる。ちなみに通りの名前にもなってる「御成」は御用邸にちなんで付けられたんだって。

　紀ノ国屋の品質の良い商品とその土地の歴史が僕を惹きつける。さあ、今日も「ザ・グレート・紀ノ国屋・エクスペリエンス」をもらいに、ふらっと寄ってみよう。

| 紀ノ国屋 鎌倉店
神奈川県鎌倉市御成町15-3　9:30-20:00

06 納言に勝る甘味処なし
納言志るこ店

甘いものと
歯医者さんとお母さん

　とにかく歯医者が嫌いでね。たいていみんなそうだと思うけど。あんなの好きな人いないよね？　子供の頃は行くのが嫌でお母さんに駄々ばっかりこねてたよ。

　小町通りの横丁を入ったところにある納言志るこ店は、今でも昔の佇まいのままだ。そしてここの看板や暖簾、店構えを見るたびに、僕は歯医者を思い出す。僕が歯医者を嫌がってあまりにも言うことをきかないものだから、お母さんは困って、僕を納言志るこ店に連れて行ったんだ。冬ならほっかほかのあずきがたっぷりかかった「田舎しるこ」、夏なら「氷あずき」。僕はすっかり歯医者を忘れて目の前の甘いものを夢中でかき込む。お勘定を済ませてお店を出ると、満足した僕の手を引いてお母さんが向かうのは歯医者さん。納言志るこ店に寄った後だと、不思議と嫌な気持ちは半減して、どうにか歯医者に行くことができたんだ。それにしても、歯医者さんに行く前に甘いものを食べさせるって、うちのお母さんもすごいこと考えるよね(笑)。

　外観と同じで、お店の中も僕が子供の頃とほとんど変わっていない。四人掛けのテーブルがたくさんあって、意外と広い店内には、従業員の方がきびきび働いていて、その様子も僕には懐かしい。

　アメリカから鎌倉に久しぶりに帰ってきた時、僕はお母さんに電話した。納言志るこ店、何も変わってなかったよって。そしたらお母さんは僕の知らないこんなことを言った。

　「あなたのお父さんがあそこの女将を気に入って、しょっちゅう行ってたのよ」

　まったくお父さん、何やってんだか(笑)。

　僕はかき氷を一口食べながら、店の奥の方に、かつてお父さんが夢中になった人を探してみる。けれど、もういないかもしれない。だってお父さんが生きていれば100歳だ。スプーンでかき氷をかき混ぜると、お母さんと歯医者さんの思い出が、やっぱり一緒になって出てきた。ちりんと風鈴が鳴って、少し奥歯がズキンとした。気のせいだよね？

納言志るこ店
神奈川県鎌倉市小町1-5-10
11:00-18:00 (L.O. 17:15) 定休日：水曜日、第1・3木曜日

07 小町通りの入り口にある老舗ラーメン屋
ひら乃

スタンダードの強さと
カウンターの小宇宙

　シンプルでベーシックな醤油ラーメンが食べたくなったら、迷わずひら乃の暖簾をくぐってほしい。

　鎌倉駅の「表駅」(東口)から小町通りへ入ってすぐ、もっとも観光客で賑わう界隈に一際異彩を放つお店がある。まるでここだけ別世界の様相だ。まわりの喧騒をよそに、昭和を貫くような店構えがたくましい。引き戸の前にかかった赤い暖簾は、観光名所としての鎌倉を黙って見続けてきたような年季を感じる。では、いざ。Here we go！　ガラララ……。狭い！　カウンターのみの7席。まるで大将の腕の中に抱かれるような感覚だよ。よし、まずはビールを注文。すると目の前に置かれたのは、缶ビール。瓶でも、生のジョッキでもない。そしてしばらくして出てきた醤油ラーメン(700円)の一見、普通すぎる佇まい。ほら、剣道でも空手でもさ、武術の達人は隙だらけに見えて、じつはめちゃくちゃ強かったりするじゃん。あんな感じでさ、麺をすすって、スープを飲んで、口に運んで手合わせするほどにここのラーメンの完成度に参っちゃうから。

　ひら乃でラーメンを食べるとさ、いつもふと考えることがあるんだ。それは、「スタンダードって何だろう？」っていうこと。それが出来上がるにはどういった条件が必要なんだろうって思うんだよね。最近、一つの結論に辿り着いたんだ。それは、狭くなくちゃいけないってことなんじゃないかな。店がさ。店主の目と手がすぐに届く範囲にあって、会話ができる。その店の味って、味だけじゃ決まらないんだよね。いろんなスパイスが必要なんだよ。

　何十年もかけて大将とお客さんと、狭いお店で作り上げたひら乃のラーメン、結構なお手前で。

|　ひら乃

神奈川県鎌倉市小町1-6-13　11:00-20:00　定休日：火曜日

08 鎌倉の夜になくてはならない人気店
RANDEZ-VOUS DES AMIS

決め手はキャラクター、
そうだ「彼の店」に行こう！

　鎌倉の中心部には、いわゆるファミレスというものがないんだよ。ちょっと前まではちらほらあったような気もするけど、今はすっかり見かけなくなった。どうしてだろうね？　その理由は、たとえばここランデブーデザミの扉を開けるとわかってもらえるかもしれない。

　鎌倉駅東口のロータリーから少し海側に歩いて、東急ストアの向かい側、雑居ビルの２階がランデブーデザミ。通りに小さな看板が出ているだけだから気をつけてないと見過ごしちゃう。細くて急な階段を上った先のドアを開けると、「だれ？」。いきなり先客に声を掛けられる。カウンターだけの店内は、ここにいる人数以上に明るい声が響いている。すごい活気だ。まるで市場だね。ワインは種類が豊富で、一品料理のクオリティは高い、そして何と言っても安い！　料理はだいたい、300円、500円、800円といった感じ。僕がよく注文するのは、ポルケッタ（豚バラのロースト）とスパイシー肉男子、それぞれ800円。肉団子が「肉男子」になっているのは、ご愛嬌ってやつだね（笑）。

　ここのオーナー、副島モウくんは、フランスのレストランでも修業を積んだ、今注目を集める若手シェフなんだ。本も出してるしね。ヒュー・ジャックマンの専属シェフも務めたんだよ。彼の考案する創作一品料理、これは本当に絶品だから、ぜひワインと一緒に味わってほしいな。

　鎌倉にはたくさんのお店がオープンするけど、ランデブーデザミほど出来てからすぐに流行った店は、最近ではあまり例がない。とにかくいつもお客さんで賑わっている。もちろん、おいしいというのもその理由の一つ。だけどそれだけじゃない。要は、キャラクターなんだよ。お店のキャラクター。そしてそのキャラクターは店のオーナーやスタッフさんによって作られるんだよね。僕は彼らに会いに行ってるんだ。「彼の店に行こう」って感覚。それがなきゃ、家で飲んで、食べるよ。

　ランデブーデザミのキャラクターは、オシャレでカジュアルでフレンドリー、これに尽きるよね。最初はちょっと取っ付きにくいところもあるけど、すぐに慣れて、したら途端に居心地が良くなって離れられなくなる——それって、鎌倉の魅力そのものじゃん。ちなみに子供を連れて立ち寄れる気軽さも鎌倉らしさかもしれない。あれ？　そういう意味では、鎌倉は「ファミレス」だらけって言えるのかもしれないね。

| RANDEZ-VOUS DES AMIS

神奈川県鎌倉市小町1-4-24 起業プラザ2F　22時以降入店可。　日曜日営業。　定休日：木曜日

僕は、バーテンではなく、
バーテンダーなんです、とあいつは言った

　本物のバーテンダーがいるバーは、そうそうあるもんじゃない。残念ながらここ鎌倉でも。僕が、こいつは本物だ！って認めるバーテンダーが、THE BANK というバーにいた。この店、かつての横浜銀行のレトロな建物をそのまま利用したお洒落なお店だったんだけど、2015年の5月末で閉店となってしまった。正直言って、僕はTHE BANK に特別な思い入れがあったというわけではない。それよりも、ある時期そこのカウンターに立っていたバーテンダーを気に入っていたんだ。彼は、杉本といって、詳しくは聞いていないけど、東京のホテルのバーで修業して鎌倉にやって来たみたいだった。

　もちろん彼がやって来る前から、THE BANK にはちょくちょく寄ってはいたんだ。家に帰る途中にあったからね。しっとりとした良い雰囲気のバーだったよ。広さはそれほどではないけど天井が高くて、奥にカーブを描いたカウンターと、その手前にもう一列カウンターを備えた珍しい造りだった。当然、奥は常連客が占め、それ以外の客は手前のカウンターっていうのが暗黙の了解だった。サーフィンのローカリズムの原理と一緒だね。ある時、遅くなった帰り道だった。THE BANK の前を通りかかるとまだ看板が出ていたから扉を開けた。すると、すみません、もう終わりなんですよってあっさり言われた。それから二度と行かないでおこうと決めた。看板を出しているって意味をわかっていない店に用はない。それからしばらくして、THE BANK に新しいバーテンダーが入ったって人づてに聞いた。何かのきっかけで久しぶりに連

れて行かれたカウンターの中に杉本がいた。彼は本物のバーテンダーだった。プライドを持ってて、ちゃんとしたカクテルを提供する。僕はまた通い出した。

　いつだったか、彼とも打ち解けだした頃、ラジオでお店を紹介するよって言って、実際僕は当時やっていた番組の中で喋ったんだ。
「鎌倉の和田塚の近くにイカした飲み屋があってね。そこには最高のバーテンがいるんだ」
　後日、店に行ったら杉本が言うんだ。静かにね。
「ここは『飲み屋』ではなく『バー』で、僕は『バーテン』ではなく『バーテンダー』です」
　彼が店からいなくなって、また僕の足は遠のいた。
　今、彼は小町に「BAR THE TIPPLE」というカウンターだけのお店をやっている。
　オーケー、次はその店に案内しよう。

09 かつて通った、旧銀行を改装したバー
THE BANK

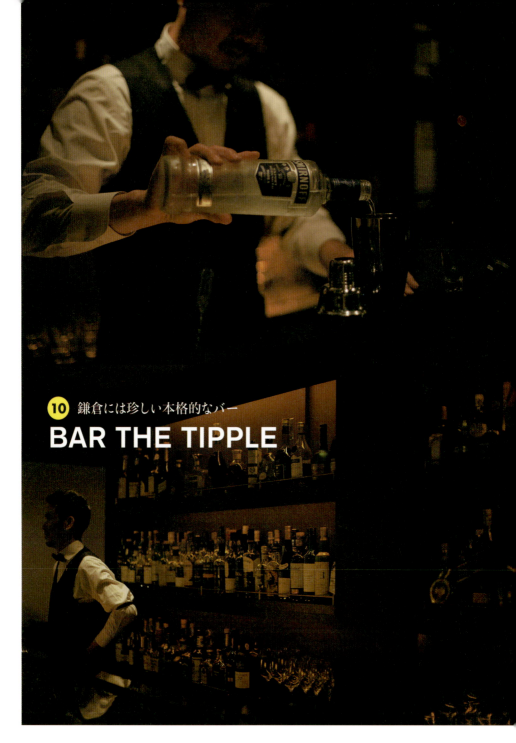

⑩ 鎌倉には珍しい本格的なバー
BAR THE TIPPLE

今日も鎌倉の
夜は更けて・・・

　賑やかな小町通りを八幡様の方に少し歩いて、横丁を右に入った小さなビルの2階、そこにBAR THE TIPPLEはある。というよりも、そこに杉本がいるって言ったほうがいいかもしれない。
「よお」
「いらっしゃいませ」
「あれ、お客さん誰もいないじゃん」
「ジョージさんが来るって言うんで、みんな帰っちゃいました」
「うるさいよ。ワインもらおうかな、赤で。……いや、せっかくだから何か作ってよ」
「赤ワインのほうがいいと思いますよ」
「なんで？」
「……」
「おい、なんでなんだよ」
　杉本は聞こえないふりをしてグラスにワインを注ぎはじめる。
「ジョージさんの飲みたいものはこれなんでしょ」
「なんでわかるんだよ」
「だって最初に言ったから」
「作るのめんどくさいんだろ」
「まさか。いくらでも作りますよ。お客さんの飲みたいものならね。それがバーテンダーですから。どうぞ」
　そう言って杉本は赤ワインの入ったグラスを目の前に置いた。僕は黙ってそいつを一口やる。たしかに、僕の飲みたかったものは赤ワインに違いなかった。
「まったく、とんでもない店だよ」
「ありがとうございます」
　次は何を飲もうか。飲みたいものを飲もう。ここはバーで、目の前にはバーテンダーがいる。ちょっと口うるさいのが玉に瑕だけど。
「赤ワイン、もう一杯」
「ほらね」

| BAR THE TIPPLE

神奈川県鎌倉市小町2-10-7 ストロール鎌倉2階　定休日：月曜日、第1・3火曜日
火〜金／18:00-翌2:00(L.O.1:30) 土／15:00-翌2:00(L.O.1:30) 日・祝／15:00-翌0:00(L.O.23:30)

⑪ 鎌倉ローカル濃縮100倍
裏鎌倉の飲み屋横丁

天国に一番近い
飲み屋街

　若宮大路と小町通りという鎌倉のメインストリートに挟まれる格好で小さな名もない通りがある。夜ともなれば灯るネオンがまるで異国のあやしげな花のように咲き乱れ、酒飲みたちを別世界へと誘い出す。そう、ここは鎌倉のゴールデン街とも言うべき地元の飲んべえ横丁なんだ。比較的夜は早い時間に終わる店が多いっていうイメージがある鎌倉だけど、ここは大丈夫。朝までやってるから。
　とにかく多種多様な個性のお店が集まっている。
「Bar RAM」は、若い頃に友達と集まってレコードを聴いたり、酒を飲んだりした誰かの部屋みたいな感じのバー。小さなお店で弾き語りのライブをやったりもするんだ。ライブ中にさ、ブリキのバケツが回って来るんだよ。要はそこにおひねりを入れてくれってことなんだけど、何しろ狭い店だから、ライブ中はお静かにってのがルール。ということはだよ、小銭を入れられないってことじゃん！　だからみんなお札を入れる。うまいシステムだよ（笑）。
　次は鎌倉ではじつはめずらしい、本格的な沖縄料理が味わえる「鎌倉チャンプル」。若い奴らが店をやっていて、店内は手作り感満載で、外国のリゾート居酒屋に来たみたいで面白い。
　そして「MIKE'S BAR」は、年季の入った本格的なバー。うちのお父さんが大船のベースにいる頃に、そこでバーテンダーをやっていたマイクさんが開いたお店なんだ。本物を味わいたければここへ。
　他にも、ニューハーフのお店「ハーフムーン」とか、昔グループサウンズをやってたおじさんがいるミュージック・バーや、しっとりした小料理屋などなど、とにかく飽きることがないよ。
　人種のるつぼ、ならぬ、飲み屋の天国。
　パスポートのいらない別世界へ、今宵も。

| 裏鎌倉の飲み屋横丁

2

歴史と今をこれほど
地続きに感じられるところは
他にないんだ

若宮大路、
大町、他エリア

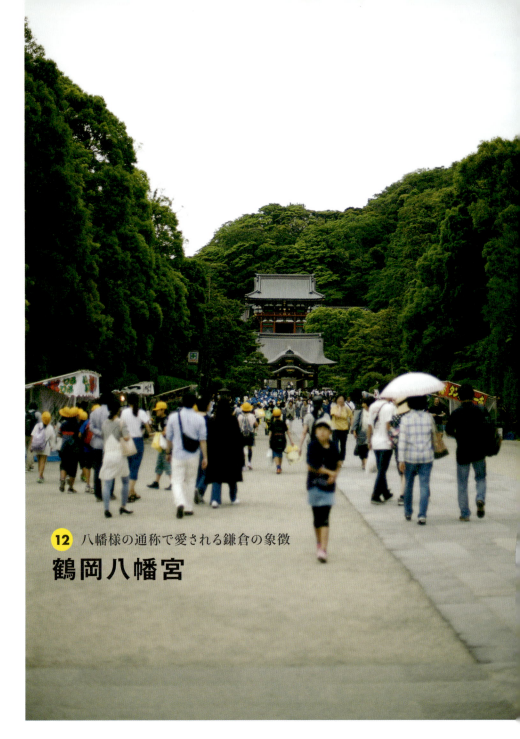

12 八幡様の通称で愛される鎌倉の象徴

鶴岡八幡宮

八幡様は鎌倉の
カッコいいおじさん

　八幡様、鎌倉の人は敬意と親しみを込めてそう呼ぶ。
　普段そうは見えないけど、じつはすごい人——八幡様のイメージってそんな感じ。

　僕とワイフの結婚式は八幡様でやったんだ。けれどその日は台風が直撃した。風は強いわ雨は降るわでもう大変だった。人力車で八幡様に入ったんだけど、せっかくの着物が濡れちゃってね。その時人力車を引いてくれたのが「有風亭」の青木登さんという人。鎌倉で最初に人力車で観光案内を始めた人で、最初は近所の幼稚園児やそのお母さんに乗ってもらって練習したんだって。うちのワイフも「結婚式の時はちゃんとやりますから」って青木さんに言われていたみたい。それにしてもあの台風の中、よくやってくれたよ。
　それから、その時ゲストで来てくれていたある人がこんなことを言ってくれた。
「ハワイでは、台風っていうのは良いことのしるしなんだ。これから新しいことが生まれるっていうさ」
　その一言でその日のすべてがポジティブになった。
　彼の名前はタイガー・エスペリ。伝説のハワイアンだ。サーファーにして、ミュージシャン、カヌーの名手でもある、言わば本物のウォーターマンだね。彼のルーツでもあるポリネシアンがどのようにしてハワイへたどり着いたか、それを検証、というか体感するために、原始的なカヌーを再現したホクレア号で天文航法のみを駆使してハワイからポリネシアまで5000キロを航海した。世界中に感動を与えたんだ。その彼は晩年、鎌倉の海を愛してくれた。僕は彼の通訳をしたり、一緒にレコードを作ったり、いろいろなことを彼から教えてもらったよ。

　八幡様と青木さんとタイガー。
　なんか似てる。

| 鶴岡八幡宮
神奈川県鎌倉市雪ノ下2-1-31

青木さんの人力車は、有風亭(090-3137-6384)まで。

13 八幡様に続く特別な道
段葛

この道は
誰のもの？

　もしかしたら観光客にとって、段葛はあまり馴染みのないものなのかもしれない。というのも、鎌倉駅を出るとすぐ、小町通りの入り口に鳥居があって、その先がお土産物屋さんや食べ物屋さんで賑わっている。みんなそこを通って八幡様に行くんだよね。でも八幡様の表参道は段葛だからね！

　若宮大路の二の鳥居から八幡様までの500メートルくらいが段葛になっていて、道に50センチくらいの土手を作ってあるんだ。そして八幡様へ近づくにつれて道幅が狭くなっていく。遠近法を利用して遠くに見せようとしてるんだね。これが何とも特別感というか、神聖な感じを演出してる。たとえば明治神宮の表参道って広くて立派な道だけど、フラットだもんね。どうして八幡様だけに段葛ができたのか、はっきりしたことは僕もわからない。もしかしたらこのすぐそばを流れている滑川が関係しているのかな？　川の氾濫に備えて一段高くする必要があった、とかね。いや、たぶん関係ないだろうね（笑）。だって滑川は全長にしたら6キロほどの川で、規模としては大したことないから。川沿いには報国寺や杉本寺、妙本寺といった古刹があって、若宮大路にぐっと近づいてから由比ヶ浜に注ぐ。鎌倉の町と歴史を一本につなぐ大切な川なんだ。一度カヤックで川下りでもしてみたいな（笑）。

　段葛の見頃、というか通り頃？　は、やっぱり桜の季節だろうね。道の両脇が桜並木になっているからね。僕ら鎌倉に住んでいる人間は、桜の季節、昼間はあまり近づかない。日が暮れて、観光客が少なくなる夜になると出かけて行くんだ。夜桜を見にね。ぜひ、夜の段葛を歩いてみてよ。まるで鎌倉時代に迷い込んだような不思議な気分になるよ。

　なんでもない平日には近所の小学校に通う子供たちが通学路として利用している。車が通らなくて安全だからね。僕も子供の頃はよく通ったな。八幡様の近くに友達が住んでたんだ。そう言えば、この段葛、源頼朝が妻の政子の安産祈願のために造ったものなんだとか。昔も今もずっと、段葛は子供たちのものなんだね。

| 段葛

14 鎌倉と相思相愛のアウトドアブランド
パタゴニア鎌倉

鎌倉の人が選んだ
「普段着」

　鎌倉を愛した文人はたくさんいるけど、なかでも大佛次郎は鎌倉の自然を守ったという点で特別な人だよね。戦後の高度経済成長の波が鎌倉に押し寄せて宅地開発がどんどん始まるわけだけど、こともあろうに、鶴岡八幡宮裏山の御谷まで手をつけられそうになった。聖域だよ？　信じられない。その開発に反対して地元の人たちと一緒に立ち上がったのが大佛次郎だった。この運動をきっかけに鎌倉の自然保護という考えが全国的に広まって浸透していった。その結果、1966年には「古都保存法」が成立して御谷は守られ、現在もその保護活動は続いている。ちなみに大佛次郎、納言志るこ店の常連さんだったんだって。

　パタゴニアに最初に行ったのは、カリフォルニアに住んでいる時。出来たばかりの現地のお店によく通ったもんだよ。パタゴニアのスキーウェアは普段着としても使えるからとても重宝したし、そのことが最高にクールだった。それまではスキーウェアはスキーの時に着るものでしかなかったからね。アウトドアをストリートに広めて、なおかつ機能性のクオリティを一切妥協しなかったところにパタゴニアの真髄が感じられる。

　そのパタゴニアが、アメリカから久しぶりに鎌倉に帰ったら、鎌倉に日本支社の本社を出していてびっくりした。(今は本社は東戸塚に移転したけどね)。そしてうれしかった。大好きなブランドが大好きな町にあるというのもそうだけど、パタゴニアは自然保護活動を熱心にやっている企業だから、とても鎌倉らしいブランドだと思ったんだ。

　このあいだ、スターバックスに並んでたら、8人中7人がパタゴニアのダウンジャケットを着てた。そして散歩がてら近くのレンバイ(鎌倉市農協連即売所)に行ったら、農家のおじさんがパタゴニアのダウンジャケットで野菜を売ってた。世代や性別に関係なく、パタゴニアは鎌倉の人たちの普段着としてすっかり定着している。

　きっと大佛次郎も生きていたら、パタロハのシャツでも着て小町あたりをブラブラしてたんじゃないかな。似合うね、先生。

| パタゴニア鎌倉

神奈川県鎌倉市小町1-13-2 本覚寺ビル　10:00-19:00　定休日：年末年始

⑮ 伝統の鎌倉マルシェ
鎌倉市農協連即売所

ロックンロールは
鳴り止まない

　若宮大路を海の方に向かって歩くと、横須賀線の高架が見えてくる。その手前を左側に入ると、白地に毛筆書きの古めかしい看板がどーんと頭上に掛かってる。「鎌倉市農協連即売所」——通称レンバイ。ここはヨーロッパで言うところのマルシェだね。最近よく「○○マルシェ」なんて聞くけど、レンバイは本物。何がって、そのシステムが。つまり、農家が自立して共同で運営していく直売所、それこそがマルシェなんだ。ただモノを売る市場ではないんだよね。農家が4つの班に分かれて1日ごとにローテーションして店を開くというシステム。だから好きな農家ができたら、4日に一度のタイミングを逃しちゃいけない。

　鎌倉野菜って聞いたことがあるでしょ？　あれは、たとえば京野菜みたいに「九条ネギ」とか「賀茂茄子」といった特定の種類があるわけじゃないんだ。鎌倉の農家の人が、鎌倉の土で育てた野菜、それが鎌倉野菜なんだ。だからズッキーニも大根も、みんな鎌倉野菜。そんな鎌倉野菜を求めて、レンバイがオープンする朝8時には地元のレストランのシェフが勢ぞろいして顔を並べてる。僕が行きつけのGARDEN HOUSEもRANDEZ-VOUS DES AMISも、ね。それだけじゃなく東京や横浜からも買い付けにやってくるんだ。それはもうすごい賑わいだよ。

　そうした賑わいが今も続いているのは、きちんと若い世代に受け継がれているって証拠だよね。BEAMSのバイヤーでもある加藤忠幸くんは「加藤農園」としてレンバイで野菜を売っている。BEAMSと野菜作りの両立ができるのも、レンバイのローテーション・システムがあるおかげかもしれないね。そしてレンバイの中にオープンしているベーカリー「パラダイス・アレイ」の勝見淳平くんも、彼のおじいさんとおばあさんが農家だった関係もあって、ここでお店をやっている。淳平の店にはたくさんのフライヤーが置かれていて、さながらカルチャーのマルシェみたいだ。若い彼らはレンバイにカルチャーの種をまいて、いろんなところに花を咲かせている。

　鎌倉の農家が鎌倉の土で育てた野菜を、種類はともかく鎌倉野菜と呼ぶように、ここで育ったいろいろな個性の若い人たちが、また新しい種をまいて、そこに何かが生まれる。そのサイクルを名付けるとするならば、それこそがもう「鎌倉」としか言いようがないよ。まるで8ビートのリズムを刻む音楽を、ロックンロールとしか言いようがないようにさ。

鎌倉市農協連即売所
神奈川県鎌倉市小町1-13-10
営業時間：おおむね午前8時から夕方（日没）まで　※1月5日の初荷から、大晦日まで毎日営業

16 近年注目を浴びる鎌倉のパン屋さん

PARADISE ALLEY BREAD & CO.

楽園への通り道という名の
パン屋が繋ぐ「鎌倉」

　レンバイの中でパン屋をやるっていう発想が面白いよね。オーナーは勝見淳平くんっていうんだけど、じつに鎌倉っぽい人で、僕がよく覚えているのはこんなエピソード。

　ある時スターバックスのテラスでコーヒーを飲んでいたら、淳平が通りかかった。よお、淳平。あーどうもジョージさん。お店何時からなの？　9時からなんですよ。おい、もう10時だよ！……そんな感じで、とてもゆったりしてる。

　彼が店を始めた頃、地元のイベントなんかで袋にいっぱいパンを詰めて持ってきて、それをみんなに配ったりしてた。そうやってローカルの人に向けて彼は自分のパンを広めていったんだね。なんかその手づかみの地元愛がさ（笑）、僕にはとても頼もしく映るんだ。

　レンバイの一角にあるパラダイス・アレイは、奇妙なくらいそこの雰囲気にマッチしている。もうずいぶん昔からあったんじゃないかと思わせる説得力すらある。それでいて、漂う無国籍感に、なんとも言えない魅力があるんだよね。いろんな種類のパンに混じって、地元や逗子で開催される様々なイベントのフライヤーが置かれている。若い世代が中心となって今の鎌倉を動かそうとしてるんだなというのが、淳平の店に来るとわかるんだ。

　始めた時も今も、小さな店に変わりはないけど、どんどん充実していっているように思える。それはお店の規模ではなくて、鎌倉を愛し鎌倉に愛されているからこそ感じ取れるものだろう。

　ネオヒッピー——淳平たちのことを僕はこう呼んでいる。レンバイを始めたり、鎌倉の良さを守り抜いてきた先人たちがいて、そして彼らがいる。鎌倉は過去の否定の上に成り立っているわけではない。どう繋いでいくか、その繋がりがよりはっきり見える町なんだ。パラダイス・アレイ、楽園への通り道という名のパン屋が繋ぐ鎌倉の今を、独創的なパンとともに味わってほしいな。

| PARADISE ALLEY BREAD & CO.

神奈川県鎌倉市小町1-13-10　平日／9:00-19:00　土・日／7:30-19:30　不定休

17 レンバイに秀吉あり
やきとり 秀吉

ファンキー！
時間は忘れるためにある

　カウンターだけの店内には7席しかない。予約も受け付けない。ネットなんかにはそうやって書いてある。テイクアウトで我慢するかって？　もちろんそれだって構わない。でもね、秀吉にはテラス席があるんだ。即席の。

　八幡様に通じる大通り、若宮大路を海の方に下って行くと、左手にレンバイ、そして、通りに面したその一角に秀吉はある。で、夜になって隣の乾物屋さんの営業が終わると、テーブルと椅子が出てくる。そこがテラス席になるってわけ。冬はビニールもかかってヒーターも付く。ファンキーだよね、秀吉。

　秀吉って店名は、大将の名前から。娘さんが二人いて、その娘さんがレンバイで正月に小さなロックフェスなんかを企画したりしてる。さっきも言ったけど、レンバイは地元のネオヒッピーたちが集まって、とても面白いことになってる今とってもアツいスポットなんだ。

　で、正月になると僕は秀吉に行って焼き鳥とビールでご機嫌になってる。通りかかった人たちに新年の挨拶をする。そうやって僕の一年はここから始まるんだね。

　大将の秀吉さんは、鎌倉のサーファーで写真家の横山泰介さんと同級生。だから常連さんの中には、泰ちゃんに誘われて通い始めたサーファーがちらほらいる。僕もその口だよ。横山泰介、その世界じゃ知らない人はいない。日本でサーフィンと波の写真を撮らせたら彼が一番だよ。彼が若い頃に撮った、稲村ヶ崎の波が割れてる写真、一度は見てほしい。心臓のオペをした直後に海に入りに行く筋金入りで、一度彼と僕はとあるレコードジャケットの撮影の仕事で伊豆に向かった。その時通りかかった七里ヶ浜に良い波があったんだよ。車を停めて一緒に海に入っちゃった。彼の隣にいると、なぜか良い波が来るんだよね。

　……とまあ、こんなふうに飲んで食べて喋ってると、いつも閉店間際。もう一杯、そう言ってもおかみさんは絶対飲ませてくれない。まったく優しいね。大人しく帰ろう。

| やきとり 秀吉
神奈川県鎌倉市小町1-13-10
11:00-21:30（L.O.21:00）／（店内飲食17:00-21:00）定休日：火曜日（祝日の場合は翌金曜日）

18 地元の人に愛される静かなお寺
妙本寺

慌てない慌てない、
一休み一休み

　鎌倉に住んでる人に、こう言ってごらん。
「妙本寺は良いですね」って。
　すぐにシェイクハンド、飲みに行こうかってなるかもしれないよ。
　妙本寺っていうのは、それほど観光名所ってわけではないんだけど、地元の人からはとても愛されているお寺なんだ。
　若宮大路から鎌倉郵便局脇の道を入って滑川を渡ると、だんだん空気が静まり返っていくのがわかる。いつの間にかあたりには古い大木がそびえ立って、太古の森に迷い込んだみたいだ。隆起した木の根っこでは野良猫が一休みしている。朱塗りの二天門をくぐると、四季それぞれの色に染まった木々が眼前に広がる。そしてその向こうには祖師堂の大きな屋根が迫って見える。目を閉じればもう、さっきまでの景色は去ってしまい、目の前にはまったく新しい世界が広がっている。まるで景色自体が映画のように刻一刻と動いてるんじゃないの？　って思うくらい豊かなんだ。でも一方で、この景色を何百年も前の人たちも眺めていたんだろうなっていう永遠性も感じ取れてしまう。瞬間と永遠──自然のサイクルに沿って佇んでいる妙本寺の姿にいつもしびれてしまう。じつは外国人を連れて来て一番喜ばれるのはここ、妙本寺なんだよ。それはよくわかる。なぜならこんなところは他にないから。
　たいていのお寺や神社が拝観料を取ったり、お守りやおみくじを売ったりお土産物屋さんがあったりする中で、妙本寺は何もない。ただ自然があって、古くからの建物がある。それだけ。でもそこには全部があると思うんだ。何も持っていないことは何でも持っていることだって誰かが言ってたけど、ここに来るとその意味がわかるような気がする。
　祖師堂の縁にごろんと寝転んで、かるく目をつむる。鳥の鳴き声が聞こえる。風に揺らされた木々のざわめきが降ってくる。宗教の根本って、リラックスすることなんじゃないのかな？　こうやってさ。きっと争うためじゃないよね。……ちょっと、眠たくなってきちゃったよ。

　　　　　　　　　　　　　　　　　　　　　　　　　　　　｜妙本寺
　　　　　　　　　　　　　　　　　　　　　　　　神奈川県鎌倉市大町1-15-1

19 竹寺、と言えばここ

報国寺

そっと手を
握ってごらんよ

　最近デートスポットとして人気がある、という話をちょくちょく耳にするんだ。最初は、ふうん、なんて思ったけど、でもよく考えたら僕もワイフとデートで行ったよ。
　ここは竹林が有名な禅寺。地元の人は「竹寺」って親しみを込めて呼んでいる。竹の中の回廊の先には茶席があって、抹茶を飲みながら目の前の竹林を楽しむことができる。静かで、とても落ち着く。うん、やっぱりデートには最高かもね。
　四季を通じて魅力があるから、人それぞれだと思うけど、僕がおすすめするのは冬。しかも雪が降った後が素晴らしい。大雪の降った翌日の午前中——あまり人もいないから絶好の場所に陣取ることもできる。真っ白い雪の絨毯から突き出た竹の緑が鮮やかに映える。その緑の隙間から午前中の太陽の光が射し込んで、思わず息を呑むほどきれいだ。時折、はらはらと笹から雪が落ちてくる。その様がスローモーションとなり、この瞬間を祝福してくれている映画のワンシーンのようだ。しんとした空気の中で、そっと彼女の手を握ってごらんよ。

　これ以上何かを言うのは野暮だよね。

| 報国寺

神奈川県鎌倉市浄明寺2-7-4　拝観時間 9:00-16:00

目に見えない
境界線が交わるクロスロード

　交差点、十字路、そう、クロスロード。クロスロードと言うと、真っ先に思い浮かぶのはクラークスデールにある国道61号と49号が交わるところ。かのロバート・ジョンソンが、アコースティック・ギター1本でアメリカ中を放浪している時、ここで悪魔に魂を売り渡して様々なブルースのテクニックを身につけた、という伝説のある十字路だ。

　鎌倉の町を南北に結ぶ大通り、若宮大路のちょうど真ん中あたりに「下馬」という名前の付いた交差点がある。「げば」と読むんだけど、昔はここから鶴岡八幡宮までは馬の乗り入れが禁じられてたんだって。だから「下馬」。わかりやすいね。東京の世田谷にもあるでしょう？　あっちは同じ漢字で「しもうま」って読むんだよね。でもさ、馬を下りなさいって意味で使うんだったら、「げば！」の方が威厳があってカッコいいような気がしない？　って言うのは鎌倉贔屓だからかな。「しもうま」……う〜ん、もうちょっと乗ってようかな、なんて（笑）。

　この下馬の交差点、じつは今も重要なポイントとして機能している。下馬から山の方を向いて歩くと、駅があって段葛を通って八幡様へ。そして反対に海を向くと、和田塚、由比ヶ浜、材木座、長谷と海岸沿いの町が広がる。つまり、ちょうどここが山側と海側の境界線になってるんだね。だから、由比ヶ浜で泳いでて、浜から上がって平気で水着で歩けるのは下馬までなんだ。どうも下馬より山側には水着のまま行ったら失礼なような厳粛な空気が流れてる。だからそこでアロハを一枚ひっかけて町の方へ向かうんだ。そう言えば、由比ヶ浜と小町では、人の気質もぜんぜん違うような気がするしね。

　ところで、由比ヶ浜には二通りの発音があって、それぞれ表すものが違うって知ってた？　アクセントなしにフラットに発音すればそれは海岸を指し、「ゆ」にアクセントを付けたら町を表すんだ。「由比ヶ浜」と「由比ヶ浜」——。地元の人は、発音の区別をきちんと付けられているかというのをじつは聞いている。ローカルかそうでないかの境界線がそういうところにあるんだね。

　鎌倉のクロスロード、下馬。そこに立ってちょっと覗いてみてよ。そしたらだんだん見えてくるよ、いろんな境界線がさ。悪魔に出会ったという人は、今のところ聞いたことがないけどね。

下馬の交差点

❸

海と江ノ電、
これが僕の鎌倉を
決定づけている

御成、和田塚、長谷、材木座、小坪、逗子エリア

21 鎌倉で味わう南米〜スペイン料理の旅

カフェ 鎌倉美学

「だから『鎌倉美学』」と
彼女は言った

　まずは店主の万智子さんの話からしよう。
　万智子さんとはもう古い付き合いで、かれこれ10年近くになるのかな。僕が扇ガ谷の酒蔵を改装した家に住んでいる頃、彼女の息子さんが毎日僕の家の前の道を学校に行くのに通ってたんだ。ハーフでとってもかわいらしい子で、あまりのかわいらしさになんとうちのワイフがナンパしちゃった！ それでうちの息子と遊ぶようになり、万智子さんとも交流するようになった。その頃万智子さんは鎌倉ケーブルテレビの広報をやっていた。たまたま当時のキャスターが辞めることになって、僕を推薦してくれたんだ。それから僕は7年間お世話になるんだけど、万智子さんは僕がキャスターを始めてからすぐに辞めてしまった。それでこの「カフェ　鎌倉美学」を始めたんだ。
　万智子さんは美人で人当たりが良くて、みんな大好き。彼女の人柄に吸い寄せられるようにお店はすぐに知られるようになった。料理は、スペイン料理がベースになっていて、昼間はランチ、そして夜はバルのような雰囲気になる。とにかくお酒も料理も良心的な価格。気の利いた調度品とざっくばらんな店の雰囲気ともあいまって、ついつい話に花が咲く。
　そして面白いのは、定期的にDJイベントやライブイベント、落語なんかもやったりしている。万智子さんはとくに若い表現者に対してオープンで、彼らを応援している。素晴らしいね。だからお店は文化的なサロンといったムードもあって、老若男女を問わず客層も幅広い。ほんと、万智子さんの人柄そのもののお店なんだ。
　ところで、「鎌倉美学」ってカフェにしてはちょっと変わった名前だよね。万智子さんに聞いたら、「鎌倉って選んでそこに住んでいるっていう人が多いでしょ。サーフィンが好きだからとか町に魅力を感じてとか。それぞれの人が美学を持って町を愛している。だから『鎌倉美学』」。
　そう言えば万智子さんも東京から鎌倉を選んでやって来たんだ。みんなの美学が共鳴し合うお店。ここから何かが始まる予感に満ちている。

| カフェ 鎌倉美学
神奈川県鎌倉市御成町8-41
11:30-15:00(ランチ)／18:00-23:00(L.O.22:00) 無休

22 南インドの本格カレーハウス
鎌倉バワン

スパイスが連れてくる
遠い日の記憶と不思議な縁

　このあいだ由比ヶ浜通りを「つるや」に向かって歩いていたら、改装中の建物の中に知ってる顔がいた。やあジョージさん、なんて声をかけられた。何やってるの？って聞いたら、ここでカレーのお店をオープンするんですってそいつは言った。ちょうどこの本の撮影をしている時だったから、タイミングが良すぎてびっくりしちゃったよ。彼、ケンっていうんだけど、僕とはなんか不思議な縁があるんだよね。

　僕がラジオのDJを始めるようになったのは、マグレというか偶然というか、放送作家としてラジオに関わるようになったのがきっかけだった。素人同然でマイクの前で喋り始めたわけだけど、その初めての番組のミキサーの一人に若いケンがいたんだ。その番組では、僕の旅の経験をよく話していた。そしたらケンが、僕の話に触発されたのかどうかはわからないけど、旅に出ることにしましたって言って辞めちゃったんだ。で、しばらく経ったある日、小町の沖縄料理屋「鎌倉チャンプル」に行ったら、「ジョージさん覚えてますか？」ってケンがひょっこり現れたんだよ。旅から帰って鎌倉にやって来てチャンプルで働いてたんだ。

　オープンしてからケンのお店に行ってみた。お店の内装やテーブルも全部手作りで明るい雰囲気の良い店だ。さんざん言ってきてるけど、やっぱりそのお店には店主の個性が表れる。カレーは、南インド地方のカレーで、これがじつにおいしい。おいケン、いい味してるよって言ったら、照れて笑ってた。店名のバワンはヒンディー語で「大きな家」という意味。なんでも、チャンプルの後は移動販売なんかをやっていたケン、やっと自分の店を持てたぞって嬉しさと決意を込めて付けた名前だとか。

　それにしてもスパイスの辛さが、僕がインドを旅した遠い昔の記憶を連れてくる。縁って不思議なもんだね。鎌倉ではあまり見かけない南インドの本格的なカレー屋さん、流行るんじゃないの？　ねえケン。

| 鎌倉バワン
神奈川県鎌倉市由比ガ浜3-2-23　11:30-15:00（L.O.14:30）定休日：月曜日

23 川端康成も愛したうなぎの名店
つるや

昼は「つるや」で、
夜は「つるや」と

　夜飲み歩いてると、よく会う顔っていうのが何人かできてくる。あの人、こないだもいたなって具合に。そういう人たちと打ち解けていくと、だんだん自分がその町に馴染んでいくのがわかる。

　鎌倉で「つるや」と言えば、もちろん由比ヶ浜にある老舗うなぎ屋のこと。そして飲んべえたちにとって「つるや」と言えば、むしろそこのご主人のことを指す。

　1929年創業のつるやは、文豪の川端康成や、映画スターの田中絹代が通ったといううなぎの名店。今も多くの著名人や地元の人たちに愛されている。最近ではミシュランで一つ星を取ったことでも知られている。そこのご主人、ひとたび夜の町を出歩けば、「つるや」とみんなに呼ばれて親しまれている。とにかく酒と人が好きで、夜な夜な鎌倉の飲み屋に現れては楽しく酒を飲んでいる。

　メガネをかけて、愛嬌のある顔に、身体が細くて、とても老舗の旦那には見えない。威張っているようなところもまったくない。けれどみんなの中心にはいつもつるやがいる。

　だから鎌倉でつるやを知らない、というのは二重の意味で鎌倉を知らないのと同じこと。つまり……。

　一つは昼間、つるやでうなぎ食べたことないの？　って意味。

　そしてもう一つは夜、つるやと飲んだことないの？　って意味。

　このうちのどちらかが欠けてもモグリって言われちゃうよ。

「だけどジョージ、おまえうなぎ食えないじゃないかよ」っていつもつるやにはからかわれる。そう、僕はうなぎが好きじゃない。でも子供の頃は、つるやの2階で家族とうな重を食べながら鎌倉まつりを見物したものだよ。一度日本を離れて、戻ってきてからしばらくはうなぎも食べていたんだけど、ある時ふと、俺これ好きじゃないなって思っちゃったんだ。でも、つるやは大好き。大切な家族の思い出があるからね。それともちろんつるや、あんたも大好き。それでいいだろ？

「仕方ねえな」

　つるやのいない鎌倉なんて、ちょっと考えられないな。

| つるや

神奈川県鎌倉市由比ガ浜3-3-27　11:30-19:00(L.O.)　定休日:火曜日(祝日の場合は営業)

24 海の見えるドイツ料理レストラン
SEA CASTLE

まるで実家のような
優しさと厳しさと

　優しいっていうのは、もしかしたら厳しいってことなのかもしれない。
　国道134号線に面したドイツ料理レストランは、僕が子供の頃からずっと変わらない佇まいで今も営業を続けている。20代で日本を離れて、20何年かぶりで戻ってきたら、鎌倉の町もちらほら変わっていたんだ。でもここだけは、そのままだった。まわりにはマンションがいくつも建っているけど、ブロックを積み重ねた平屋のレストランは、時代が移ろっても信念を貫き通すドイツ人の魂そのものに思えた。お店の中もそのまま。古い家具と自然光の入り込んだちょうどいい暗さは、まるで実家に帰ったような感覚。久しぶりに食べたソーセージとザワークラウトの飾り気のない味が、鎌倉に戻って来たんだなと、しみじみ思わせたよ。
　ドイツ人のおかみさんもちっとも変わってなかった。
　あんた、帽子を取りなさい、残さずちゃんと食べなさい、そんな日本語はありません……子供の頃はしょっちゅう言われてた。早くデザート食べたいのに、まだ残ってるからってお皿を下げてくれないんだ。こっちは客なのに、ね（笑）。でもその当たり前の厳しさが、自分が親になって息子を連れて行った時にすごく愛情のある優しさだなと感じて、とてもありがたかった。息子は迷惑そうな顔をしていたけどね（笑）。
　おかみさんは誰にでも容赦ない。
　女性のグループがお店で写真を撮ろうとしたら、ダメ。男性客が帽子をテーブルに置いたら、ダメ。僕はその様子を見ながらくすくす笑っている。この店では、お客様は神様です、なんてことはない。みんな平等なんだ。当たり前の礼儀をみんながきちんと守ること。最近ちょっと、忘れてないかな？
　昔は、由比ヶ浜のあたりのレストランと言えばSEA CASTLEしかなくて、近所の子供たちはみんなここで基本的なテーブルマナーと正しい言葉遣いをおぼえたと言っても言い過ぎじゃない。
　優しいっていうのは、厳しいっていうことなんだよ、うん。

| **SEA CASTLE**
神奈川県鎌倉市長谷2-7-15　12:00-21:00(L.O. 20:00)　定休日:水曜日

25 喫茶店と洋食屋の雰囲気を併せ持つ気さくなスタイル
サンマリオHOTTA

ゆっくり気長に・・・
由比ヶ浜の波のように穏やかなひとときを

　HOTTAというのはこの店のオーナー、堀田さんのこと。彼は七里ヶ浜にある有名なカレーレストラン「珊瑚礁」の初代シェフで、地元では知られたサーファー。オールバックと焼けた肌の色がいかにも昔ヤンチャしてましたって感じで頼もしい。

　でも大丈夫（笑）。堀田さんはとても優しい人だから。

　一度こんなことがあった。

　息子がソフトクリームを注文したんだ。その時はお客さんが他にいなくて、季節も夏じゃなかった。ソフトクリームってさ、一人分だけ作ることってできないし、ソフトクリームミックスからやると結構時間もかかる。でも堀田さんはニコニコと息子一人のために季節外れのソフトクリームを作ってくれたんだ。

　ここで紹介しているお店の人たちって、一見頑固で人当たりも決して良くはない。だけど、子供のことをすごくかわいがってくれる。みんなとても優しいんだ。ただ、お客さんに媚びてないだけ。それよりも、自分の店の流儀を貫き通す。僕はそういう店にシンパシーを感じる。だって堀田さん、良い波が立ってる日は海に入りに行っちゃったりするから、突然臨時休業、なんてことになったりもするし、料理は一つ一つ丁寧に作るから時間がかかる。でもそれが堀田さんの店の流儀なんだから、誰も文句は言えない。店が閉まってたら、あー今日はサーフィンを楽しんでるんだなって思うし、注文してからなかなか出てこなくても、ゆっくりビールでも飲みながらいずれありつけるおいしい料理のことでも考えていたらいい。名物のガーリックポテトでもつまみながらさ。

　だからここには、時間を気にせず来れる時に寄ってほしいな。

　のんびり料理を待って、しっかり味わう。もしかしたらそれが、じつは最高に贅沢なひととき、なのかもしれないね。

| サンマリオHOTTA

神奈川県鎌倉市長谷2-1-7　11:30-15:00(ランチ)／17:00-23:00(L.O.22:00)　定休日：月曜日

26 長谷のザ・深夜食堂
浮（ぶい）

右の扉、左の扉・・・
さて、どっち？

　浮のある通りは、大仏への観光客で昼間はごった返している。
　でも昔——僕が高校生くらいだった頃——は、ぜんぜんそんなことなかったんだけどね。職人さんなんかのいる古い店がぽつりぽつりとあって、今とはまた違う雰囲気のある場所だった。
　浮。ぶい、と読む。Buoyとも書く。修学旅行の子供たちが行き交う通りの中、一際異彩を放っていると言ってもいい。もちろんいい意味で、だ。ブルーの庇に浮き輪が付いた年季の入った外観、なぜか扉は二つ。見るからにローカルのにおいがプンプン漂っている。寄せ付けないんじゃなくて、ちょっと遠慮しちゃうんじゃないかな、他所からやって来た人たちは。
　右の扉、左の扉、どちらから入るか……それが問題だ。なんてね。どちらからでも好きな方からどうぞ。中はつながってるんだ。カウンターの向こうにはマダムがいて、お店を切り盛りしている。彼女、とにかく地元の人だけあって、このへんの移り変わりには詳しい。僕も高校生の頃は長谷に住んでいたから、思わず懐かしのローカル・トークで盛り上がってしまう。
　浮のオープンは、昼の2時と遅い。でも閉店時間はなんと、朝方まで！　昔からそうなんだよね。だから地元の酒飲みは、たとえば小町で飲んで帰って来たら、浮でアツアツのコーヒーを飲んで、小腹が減っていたら洋食を食べるのがシメ、というのが常識となっている。そこでもついつい盛り上がっちゃったりするんだけどね。
　コーヒーは、博物館にあってもおかしくないというレトロなサイフォンでじっくり時間をかけて淹れてくれる。待ってる間に、酔いが覚めてよいね。
　さて、帰りは右の扉から出るか、左の扉から出るか……それぞれが違う世界につながってたら面白いのにな。
　ちょっと酔ってるのかな（笑）。

| 浮（ぶい）
神奈川県鎌倉市長谷3-8-7
昼12:00-16:00／夜20:00または20:30-4:00　定休日：第1・第3水曜日

27 古くから愛され続ける海岸
材木座の浜辺

夜の波に青い光が走り、
僕はそれを見ながら歩き続ける

　逗子マリーナに事務所を借りていた頃、小町の家までよく歩いた。浜辺をずっと歩いて帰るんだ。とくに春から夏は最高だよね。濡れても平気だから。マリーナから浜辺に下りて、材木座を通って、滑川を渡るともう由比ヶ浜。

　材木座は由比ヶ浜と比べても人がそれほど多くなくて雰囲気が落ち着いている。とくに僕は夜、日が落ちてから歩くことが多いからかもしれないけど。夜の浜辺を歩いたことある？　昼間は昼間でもちろんいいんだけど、散歩なら夜をおすすめするね。波の音はくっきりと聞こえるし、134号線を走る車のヘッドライトや、ずっと先の方に見える稲村ヶ崎の坂で連なっているテールランプの赤い光、海岸線沿いの建物の明かり、そんないくつもの人工的な光が、圧倒的な自然である海と溶け合う中をかき混ぜるようにして歩いていくのは、なんとも言えない気持ちになるよ。

　とくに夜光虫が発生している時——5月から7月くらいにかけてかな——の海はまた格別だよ。波が立って割れるたびに、シューッと青い光が走るんだ。まるでネオンチューブを入れてるような感じさ。心地よい風が絶えず浜から吹き付けて、波の音とともに時折青い光がさっと走る。まるでもう手の届かない青春時代のように、儚くて幻想的で、ずっと見ていたいと心を奪われそうになる。でも僕は足を止めない。一度立ち止まってしまうと、なぜだろう、もう歩き出せなくなってしまいそうだから。

　　　　　　　　　　　　　　　　　　　　　　　｜ **材木座の浜辺**

28 一度は訪れたい小坪のイタリアン
Piccolo Vaso

小さな港町の
門番がいる名イタリアン

　湘南ビーチFMでお昼の12時から夕方の6時まで番組をやってたことがあるんだ。長丁場でお腹が減るからね、スタジオに入る前に腹ごしらえのために必ず寄っていたお店が、ピッコロ・ヴァーゾ。港町のイタリアンといった風情のかわいいお店、なんだけど、店主の堀さんはなかなか一筋縄ではいかない人なんだ(笑)。

　初めてお店に行った時に共通の知り合いがいることがわかったんだけど、堀さん、本当に僕がその人と知り合いかどうか電話で確認するんだ。そして本当だとわかったらずっとテーブルの脇に立ってお喋りしてくれた。また、僕がお店にいた時にこんなことがあった。「暇ですか？」って入ってきた客を入れなかったんだ。店は混んでなかったのに。レストランに暇かどうか聞くなんて失礼だ！ってことらしい。あいてますか？　ならいいんだけどって。まあ、言われてみればそれはそうかもしれない。店構えはキュート、店主はガンコ、味はサイコー。なかなか揃わない三拍子でしょ(笑)。

　窓際にテーブルは一つしかなくて、そこは常連さんのもの。馴染みのあまりない人は大抵奥のテーブルに案内される。これはもうサーフィンでもなんでも、ローカリズムの鉄則だよね。だからと言って、居心地が悪いわけじゃ決してない。ヘミングウェイの席は空けとかなきゃいけない、単純にそういうことだよね。

　このピッコロ・ヴァーゾ、立地がまた面白い。逗子マリーナと小坪漁港のあいだのちょうど角にあるんだ。ピッコロから海を向いて右がマリーナ、左が漁港。マリーナと漁港の世界観は、その言葉以上に似ても似つかない。ピッコロはこの二つの世界のあいだにあって、うまくバランスを取っているつなぎ目の役割を果たしているように思える。それはまるで、アメリカと日本のハーフである僕自身のようにも感じるんだ。マリーナの開発を見て、静かな漁港を見ながら、週末に遠くから来る人に、漁師さんに、サーファーに、地元の奥さんたちに、ピッコロは20年以上もおいしいイタリアンを作り続けている。

　小さな港町のちょっとガンコな門番に、敬礼。

| **Piccolo Vaso**

神奈川県逗子市小坪4-4-7　11:30-14:00／17:30-22:00(L.O. 21:00)　定休日：水曜日

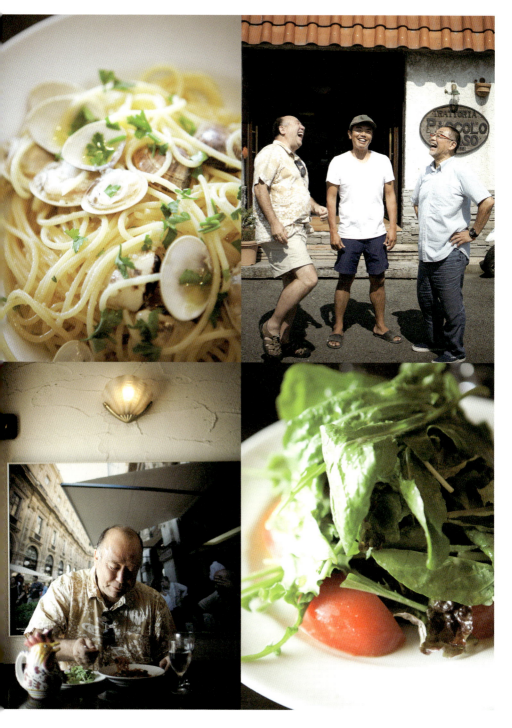

29 漁港に佇む憩いの場
根岸商店

リゾートショップの
看板に偽りなし

　逗子マリーナから少し行ったところに小坪海岸がある。ここは昔、たくさんの漁師さんたちで賑わう漁港だったんだ。質屋が7軒もあったって言うんだから、すごいよね。国道134号線より海側に家があるのは小坪と腰越だけ。漁港を守り抜いたんだね。今は漁師さんたちの数も減っているけど、漁港のソウルは脈々と生きている。
　その小坪海岸の真ん前にちょっと変わった看板を掲げる店がある。
「リゾートショップ　ねぎし」。
　リゾートショップ？　どこからどう見ても、古ぼけた小さな商店。リゾートっていう言葉の響きからはかけ離れている。こんにちは、声を掛けると中には白髪をポニーテイルにしたイカしたおじさんとその娘さんがいて、二人でお店をやっている。おじさんはこのあたりの生き字引みたいな人で、娘さんはフラダンスの日本チャンピオンなんだよ。ねえ、なんでリゾートショップなの？　って聞いてごらん。さあねって答えが返ってくるから。じつはこの看板、東京のデザイナーさんが作ってくれたもので、「リカーショップ」と注文したのに、なぜか「リゾートショップ」って書いてあったんだって。それをそのまま掲げてるってわけ。このおおらかさが最高だよね。酒屋だろうが駄菓子屋だろうがなんだっていいんだ。この場所で、みんなが必要なものを少しずつ売っている、それがすべてだよね。
　ここには、サーファーや漁師さん、地元のおじさん、いろんな人が集まってくる。もちろん酒を飲むために、ね（笑）。店の前のベンチに座っておじさんたちはこのあたりの昔話をたくさん聞かせてくれた。冒頭の話もぜんぶおじさんたちから聞いたものだよ。
「昔はここから富士山が見えたもんだけどな」
　そう言うおじさんの視線の先には逗子マリーナがあって、今はもう富士山は見えない。だけど、おじさんには見えてるんだよね。
　昔話が尽きないみんなの憩いの場。リゾートショップ、うまいこと言ったもんだね。

│ 根岸商店
神奈川県逗子市小坪4-11-15

30 カリフォルニアを感じる絶景のカフェ
surfers

サーファーたちの
DIYを感じる「たまり場」

　アメリカではさ、誰かが中古の家を買うと、そこをみんなでリフォームするっていうのが当たり前なんだよ。休みのたびに、みんなで道具とビールを持ち寄っては集まって、日曜大工をやるんだ。僕がアメリカで持ってた家も、そうやってみんなで10年かけてようやく形にしたものなんだよ。家を上げて、基礎のコンクリートを全部変えて、鉄筋を入れて、ガスと電気と水道も自分で引いて……日本じゃちょっと信じられないでしょ？　じつはsurfersもそうやって地元のサーファーたちが集まって作った場所なんだよ。

　逗子海岸の少し先、国道134号線の海側の崖の上にsurfersはある。まず出迎えてくれるのがイラストレーター・花井祐介が描いた壁画と、ずらっと並んだサーフボード。花井くんはここのオーナーの成瀬さんとは旧知の仲。成瀬さんがsurfersを始める前に地元の金沢文庫でやっていた伝説のライブハウス・レストラン「ザ・ロード・アンド・ザ・スカイ」のオープニング・スタッフだったのが花井くんで、そこのメニューや看板を描き始めたのが彼のキャリアのスタートになったんだとか。

　surfersはもともと逗子海岸にあったんだけど、2014年の夏に今の場所に移ってきた。逗子海岸では条例で音楽や飲酒が禁止されてしまったからね。でも、この場所の方がサーファーたちにとっては良かった。なぜなら良い波と海を見渡せる眺望があるんだから。メインの建物以外はビルダーの沼田くんを中心にサーファーたちの手で作られたものだよ。デッキも、壁も、ステージの屋根も。僕も、できるだけ夏には仕事を入れないで、一緒に大工をしたよ。みんなサーファーだからさ、ちょっと良い波が立つと手を止めてすぐ海に入っていっちゃうんだ。ボードを抱えて崖を降りて、ポイントまでパドルして波に乗って、またボードを抱えて上がってきてシャワーを浴びて、ビールを一杯やってから、作業に取り掛かる。こんなとこ、他にはないよね。

　昔、インドなんかを旅している時には、ゴアの海沿いに屋根のないビーチハウスがあって、そういう雰囲気にすごく似てる。「ハングアウト」する場所なんだよね。ハングアウトっていうのは「遊び場」とか「たまり場」っていう意味。だからべつにサーフィンしなくたっていいんだよ。自分なりの過ごし方を見つけて楽しむのがここの流儀ってわけ。ビール片手に何もしないのも、立派なスタイルさ。

　誰だい？　「ハングオーバー」の間違いなんじゃないかって言ったのは？

| surfers

神奈川県逗子市新宿5-822-2　月〜金／11:00-18:00　土・日・祝／11:00-21:00　不定休

❹

ジョージの散歩道

源氏山、小坪峠、小町通り、御成通り、由比ヶ浜通り

31 大仏ハイキングコース
源氏山（大仏〜扇ガ谷）

普段着でトレイルできる
気軽さこそが共生の証し

　鎌倉はトレイルの宝庫なんだ。どこでも歩いて行けるんだよ。だからたとえば駅から大仏まで行こうと思ったら、もちろん江ノ電やバスもいいけど、時間と体力があるのなら、ぜひハイキングコースを辿って鎌倉の自然を感じながら行ってほしい。

　違うところでも触れたけど、僕は高校生の頃に長谷に住んでいた。でも不思議とね――これは鎌倉に住んでいるほとんどの人がそうなんだと思うんだけど――大仏に行ったことって、そんなにないんだよね。有名な観光地に住んでる人ってそんなもんでしょ？　たとえば奈良の人が東大寺の大仏に行ったりってあまりしないんじゃない？

　それで、高校は東京の福生まで通ってたんだ。遠いのなんの。おまけに新聞委員をやっていたから、忙しい時期になると朝の8時には学校に行ってなくちゃならないんだ。家を出るのは6時前。もちろん江ノ電はまだ動いてない。駅まで歩いて行かなくちゃならない。大仏の脇から、今で言うところのハイキングコースを通って行くわけ。よく毎日歩いたもんだね（笑）。

　でもトレイルって言ってもさ、鎌倉の場合はそこまできついところはないんだよ。だから山登りの感覚とはぜんぜん違うんだ。面白いのは、高校生の頃の僕がそうだったように、今でもトレイルを生活道路として利用している人がけっこういるってこと。だから遠くから、よし、鎌倉をトレイルしよう！って意気込んで来た人はびっくりするんだよ。本格的なウェアを着た団体の横を、スーパーのビニール袋をぶら下げたサンダル履きのおばさんが何食わぬ顔で通り過ぎていくから。

　普段着でトレイルができる。しかも駅からすぐのところにじつにたくさんのコースがある。鎌倉の自然がいかに大切に受け継がれてきたかということだね。人と共生している自然がここまできちんと残っている町はめずらしいんじゃないかな。

　人と自然のハーモニーをぜひ聴きに来てほしい。

| 源氏山（大仏〜扇ガ谷）

32 2つの世界を通り抜ける散歩コース
surfersから小坪までの道

地図を捨てよ、
踵で感じよう

　逗子から湘南にかけて、小坪海岸沿いにだけ134号線が通ってないんだ。それで、まだsurfersが逗子海岸にあった頃、134号が小坪を迂回してトンネルに入るあたりから、山を通って小坪海岸に出られるんじゃないかなと、ふと思ったんだ。予感は大当たり。しかもかなり楽しい散歩コースになった。

　surfersから小坪に向かって歩くと、134号がトンネルに入るところがある。その手前から134号を逸れて披露山に登る道を行くんだ。するととんでもない大きな家が点在する一角に出る。まるでビバリーヒルズっていうような趣だね。そこを抜けると細い路地に入って、急な坂道を下っていく。そうするとあたりの雰囲気は一変する。長年ここに住み続けてる人たちの匂いが立ち込めてきそうな集落の中を通っていくんだ。僕にとってはビバリーヒルズみたいなところよりも、こっちの方が断然楽しい。車も入って来られない細い通りに民家がすれすれで建っている。まるで人ん家にお邪魔させてもらってるみたいな感じだよ。黒ずんだ木の塀の上を三毛猫が慣れた足取りで通り過ぎていく。お勝手からおばさんが出てきて、猫に何か話しかけている。僕の知らない、けれど、いつかどこかで見たことのあるような日常がそこにはあるんだ。しばらく行くと、右手に急な石段の階段が現れる。合計186段の石段を登ると、そこは天照大神社。ひーひー言いながら登ってごらん。ここからの見晴らしは最高だよ。空気の澄んだ晴れてる日には富士山も見える。苦労して登ってきた人へのギフトだね。ちなみに、小坪からsurfersに行く時は、この石段を上がれば披露山に出てそのままsurfersに行ける。さて、あとは小坪の海岸まで一気に下りて、そうすると根岸商店、その先のピッコロ・ヴァーゾ、逗子マリーナへと続いていく。

　それにしても、小坪というところは不思議な魅力がある。いろいろなものがぎゅうーっとそこに詰まってるんだね。この良さを、お金儲けの開発なんかで簡単に一色にしちゃいけない。いろんな模様があるからいいんだ。未来というのは、何かを造ることと、何かを守ることの両方があって初めて拓けるんじゃないかな。そのことをほんの十数分の散歩道を歩きながら教えられる。真上から地図を眺めるよりも、一度歩いてみたらいいよ。踵で踏みしめ、皮膚で感じたことより正しいことって、そんなにないはずだよ。それを僕は、知っている。

surfersから小坪までの道

33 観光客が押し寄せるショーウィンドウ的な通り
小町通り

観光客とローカルが織りなす
マーブル模様

　鎌倉を観光しようと思って駅の東口に出たら、まず足が向くのが小町通りなんじゃないかな。とにかく1年中すごい人。通りの両側には競うようにお土産屋さんや食べ物屋さんが並んでいる。

　小町通りというのは小さな通りで、若宮大路の脇の、言ってしまえばなんてことない通りなんだ。僕の子供の頃なんかただの寂しい道で、今でも小町の入り口のところにあるけど不二家と、その向かいに——これはもうなくなってしまったけど——IZAっていうジャズ喫茶、そしてその下にレコード屋があったんだ。行ったことがあるのはその3軒くらいだったよ。それが気づいたらものすごいことになってた。

　わりと最近のことだけど、3年くらいのあいだ、小町通りの先の方に住んでいたことがある。小町通りの1日がわかって面白かったよ。まず朝の4時から8時までは静まり返っている。ほとんど誰もいない。そして8時を過ぎるとそこで働く人や通勤でどこかに行く人がちらほら歩くようになって、10時になったらもう大変。遠足や修学旅行の子供たち、観光客で隙間もないくらい小さな通りは賑やかになる。それが落ち着くのが夕方の5時。潮が引くようにサーッと人がいなくなる。それで終わりかと思えばまだそうじゃない。しばらく落ち着いた状態を保った通りは、けれど駅の周辺では夜の10時を過ぎる頃にはまた昼間とは違う喧騒に包まれる。地元の飲んべえが押し寄せるんだ。それが朝の3時過ぎまでつづく……。とまあ、今では観光客とローカルがマーブル模様みたいに小町通りの1日を彩っている、鎌倉で一番賑やかな通りだ。

　ところで、駅側にあるあの鳥居はいつ出来たんだろう？
　僕が子供の頃はまだなかった。
　八幡様には一の鳥居、二の鳥居、三の鳥居とあるけど、小町通りにあるあれは直接八幡様とは関係ないと思うんだ。でも、ぽーんと大きな鳥居があるとついついそこをくぐってしまうというのが日本人のDNAのようだね。きっと小町通りが栄えるようになったのは、あの鳥居が果たした役割が大きいと、僕は思っているんだけど。

| 小町通り

34 最近カジュアルな店が増えている人気ストリート
御成通り

通りを歩くとよみがえる、
痛〜い思い出

　少し前まで、小町通りは観光客のもので、御成通りはローカルのもの、なんて言って区別していたものだけど、今は御成通りにもおしゃれなお店がたくさん出来て賑わうようになったね。雑貨屋さんやプラント屋さん、カフェなんか、若い人ががんばってる印象がすごくあるよ。

　裏駅（西口）から由比ヶ浜通りにぶつかるところまでが御成通りなんだけど、途中に立派な洋館がある。ギザギザした三角の屋根と大きな格子窓が特徴的なその建物は、僕が子供のころ「あんぽさん」と言われた病院だった。今では、旧安保小児科医院という史跡になって保存委員会に守られている。ちょっと前までは中を見学できたんだけどね。もうできなくなっちゃった。

　そこの注射の痛いのなんの。あんぽさんに行くよって言われたら顔から血の気が引くほど恐怖だった。だって、同じ注射でもベース（米軍基地）で打つのはぜんぜん痛くなかったんだよ！　今考えると、当時ベースのはもう使い捨てで、でもあんぽさんは昔ながらのガラスのでかい注射器を使ってたんだね。

　18歳の頃、新宿の2丁目にある「開拓地」ってバーで夜な夜なアルバイトしてた。そこで音楽や酒、そういった大人になるのに大切なことを全部教えてもらった。僕にとって鎌倉がふるさとなら、新宿の開拓地は青春そのもののような場所なんだ。ある時、お酒もまだ飲み慣れていないのに次の日が休みだからって調子に乗って朝まで飲んで鎌倉の家に帰ってきたらそのまま倒れちゃった。そしたらお母さんがびっくりしてあんぽさんを呼んだんだ。するとあんぽさん、「これは病気じゃないよ」って言いながら、でっかい注射をぶすんって打って帰ってった。痛いよ！　注射打つのが好きだったんだね、あんぽさん。

　御成通りを歩くと、いつもあんぽさんの注射のことを思い出すよ。でも僕のワイフに言わせると、あんぽさんはいつも薬に甘ーいオレンジのシロップを出す、子供思いのお医者さんだったって言うよ。

　あの痛い注射はもう勘弁してほしいけど、病院の古い建物はいつまでも残っていてほしいな。

御成通り

35 のんびり海まで歩いて行ける
由比ヶ浜通り

僕がトム・ソーヤーだった頃

　今はオシャレなお店なんかが出来て、人もたくさん歩くようになった。けど昔は、寂しい通りだったんだ。どうしてこんなに昔と比べて人が歩くようになったんだろう。もちろんきちんと調べたら理由はわかるんだろうけど、僕はこんなふうに思うんだ。歩道が広くなったからじゃないかってね。由比ヶ浜通りの全部が広くなったわけじゃなくてまだ一部だけど。昔はさ、男が前を歩いて女がその後ろを歩くっていうスタイルが当たり前だったじゃない。でも今は男と女が手をつないで並んで歩くよね。そういう男女のスタイルと道幅の変化が大きく関係しているような気がする。

　僕は子供の頃、由比ヶ浜通りのすぐ近くに住んでいたから、この通りには思い出がいっぱいある。

　大正14年に創業したというおもちゃ屋さん「からこや」には本当にお世話になった。ここにあった模型は全部作ったんじゃないかな。作っては爆竹で爆発させるもんだからよく怒られたけど（笑）。でも、子供たちのおもちゃがだんだんゲーム中心になって、からこやは何年か前に閉店してしまった。

　鎌倉まつりのパレードが由比ヶ浜通りを通るんだけど、子供の頃にそいつを良いところから見物しようと思って、入っちゃいけないところに入ろうとした。それでフェンスをよじ登ったら追いかけてきた犬にお尻をガブリ！　救急車を呼ぼうにも通りはパレードでいっぱい。あの時は参ったよ。

　あと、そうそう。ある時遊びに行こうと自分の財布の中身を確認したらお金が入ってなかった。自分で使ってしまったことを忘れてただけなんだけど。小さかった僕はお母さんに思わずこんなことを叫んでいた。「ドロボー！」って。そしたらお母さんが激怒しちゃって。当たり前だよね。僕の手を引っ張って、由比ヶ浜通りを歩きながら言うんだ。「自分の親が泥棒なら交番に突き出しなさい！」って。僕は泣きながら、もういいよごめんなさいって謝った。でも後でよく考えてみたら、お母さんが手を引っ張っていった方向は交番と逆だったんだよね（笑）。

　なんだか僕、いたずらばっかりしてたみたい（笑）。

　由比ヶ浜通りを歩いていると、無邪気だった時代を思い出すよ。

　まっすぐなんて帰らなかった。それでかまわない。

由比ヶ浜通り

5

小さな頃の思い出、
家族、僕のすべてがある場所

江ノ電、
由比ヶ浜

36 心にしみるグリーンとイエロー
江ノ電

鎌倉の
サウンドトラック

　僕は江ノ電の音を聴いて育ったって言っても言い過ぎじゃない。今も線路の近くに住んで、息子もその音を聴いて育っている。
　これは僕が高校生の頃だから、1972年とか73年くらいの話。今じゃ信じられないけど、鎌倉駅にはロングヘアーの駅員さん（もちろん男性！）が改札で切符を切ってたんだ。僕はと言えば、ウェットスーツでショートボードを抱えてそのまま電車で七里ヶ浜まで向かう。往復の電車賃を長谷駅でまとめて渡して、帰りは濡れたまま電車に乗る。僕の立ってるところだけべちゃべちゃだよ。でも当時の江ノ電は床が木だったからひどい水溜りにはならなかったけどね。もちろん今はそんなことできないよ。そもそも混んでるからね。停車するごとにドアを車掌さんが開けに来てくれてた一両編成の江ノ電は、四両になってドアも自動で開くようになった。
　これもずいぶん前の話。由比ヶ浜に住んでた頃、七里ヶ浜の駅のすぐそばに「ファッキン・ビーバー」ってバーがあった。すごい名前だよね。ビーバーってのはマスターのあだ名で、サーファーだった。しょっちゅう行ってたよ。目の前を通る江ノ電の音をつまみにビールをたらふく飲んだものだ。その日最後の江ノ電が藤沢向きに出発したら、僕は急いで伝票をつかんでチェックを済ませ、反対側のホームに駆け込む。由比ヶ浜方面は時間差でやって来るんだ。ちょうど七里ヶ浜の先で線路が二つに分かれてて、藤沢方面の江ノ電が過ぎるのを待ってるんだよね。その隙に帰り支度をするってわけ。
　その店はもうなくなってしまった。

　江ノ電の音――波とともに、そっと流れている鎌倉のサウンドトラック。不思議なことに、江ノ電の音は寝ている時は聞こえないけど、起きてる時は聞こえるんだ。
　僕の人生も、息子の人生も、ゴトゴト揺られて行くよ。
　そしてきっとまた、ここへ戻って来るんだ。

| 江ノ電
鎌倉－藤沢

37 鎌倉のBLUE
息子

海と音楽、そして鎌倉——
僕と彼の物語

　僕はずっと海を見て育った。海といえば由比ヶ浜の海なんだ。息子の名前は、BLUE。漢字では、碧と書く。僕の苗字はカックルで鳥貝って意味。そしてワイフの旧姓が小島。僕とワイフをつなぐ真ん中にあるもの、それが碧い海。彼も、僕と同じ由比ヶ浜の海を見て大きくなった。鎌倉の良いところは、なんでもかんでも開発して自然のかたちを変えてしまうようなことがないこと。それはみんなが鎌倉を愛しているからだし、ここで育つ子供たちのことを一番に考えてるからだよね。
「やあジョージ、さっきブルーが歩いてったよ」
　こうやって近所の人が気軽に声をかけてくれる。小さな町なんだよね、鎌倉って。
　僕と息子をつなぐ重要なものがもう一つある。それが音楽だ。僕はいろんなライブに彼を連れていったんだ。そしたら音楽が大好きになって、今じゃ彼のモーニングコールはジャクソン・ブラウンの『RUNNING ON EMPTY』(孤独のランナー)だ。小さい頃はクイーンが好きで、よくフレディ・マーキュリーのモノマネをしていたよ。大人になってだんだんいろんなことがわかってくると、さすがにもう真似しなくなったけど(笑)。あれはいつだったかな。彼が小学生くらいの時だったと思う。学校でビートルズの『Ob-La-Di,Ob-La-Da』をみんなで歌ったんだって。それで家に帰って僕にこの曲知ってるって聞くから、ビートルズのことを教えてあげたんだ。いつの間にかビートルズのCDやレコードは全部彼の部屋に行っちゃったよ。面白いのはさ、ビートルズの曲を流しながら車に乗ってる時、彼はメロディを口ずさんでるんだけど、全部じゃないんだよね。そしたら「オレはポールしか歌わない」だって。面白いね。
　海と音楽、そして鎌倉——。それは僕のほとんどすべてを構成するもの。そしてそれを息子と分かち合える喜び。それ以上の幸せを、僕はちょっと思いつかない。

| 息子

完璧な朝なんてない。
完璧なオムレツが作れないように

　朝は5時半頃に起きて、6時には焼きたてのクロワッサンと淹れたてのコーヒーで海を眺めている──それが理想の朝。だけど、鎌倉で朝早くからやってるお店ってじつはあんまりないんだ。カリフォルニアだとカフェは6時からオープンで、7時にはもういっぱいになっているっていうのが当たり前なんだけどね。

　だから僕は家でタンブラーにコーヒーを入れて、歩いて海岸まで出て、そこでコーヒーを飲むんだ。これはこれで、とても気持ちがいい。犬と散歩してる人、ジョギングしてる人、サーフィンしてる人……朝はけっこう人がいる。

　そこで思いついた。

　朝早くからコーヒーが飲めるお店を自分でやったらいいんじゃないかって。できたら海沿いに作って、オムレツとクロワッサンとコーヒーを楽しむ。僕はオーナーのくせに海が見渡せる一番いいデッキを陣取ってそこでのんびりしてる。「おはよう」なんて言ってね。

　そうだ。こんな本を作ったらどうだろう？

　いろんなオムレツの作り方が書いてある本。タイトルは……そうだな、『How to make a perfect OMELETTE』。テーマは、オムレツは何年作っても完成ということはない。だから失敗から学ぶことが大切なのだ。

　どうかな？

　そんなことをぼんやり考えていられるのも、朝の浜辺の特権かもしれないね。

　さあ、今日も1日が始まる。

　そろそろ行くとしよう。

　誰もが素晴らしい日を送れますように！

　また鎌倉のどこかでお会いしましょう。

38 由比ヶ浜でジョージの場合
鎌倉の朝